KB206198

기독교란 무엇인가

기독교란 무엇인가

개정판 (초판 1쇄 2018년 5월 24일)
글쓴이 고경태
펴낸이 신덕례
펴낸날 2020년 8월 17일
펴낸곳 우리시대
디자인 이하양
교열교정 허우주
편집 권혜영
유통 기독교출판유통

우리시대
SNS f/ woorigeneration
email woorigeneration@gmail.com
경기 고양시 덕양구 마상로 102번길 53
ISBN 979-11-85972-28-2

기독교란 무엇인가?

What's Christianity?

고경태 지음

우리시대

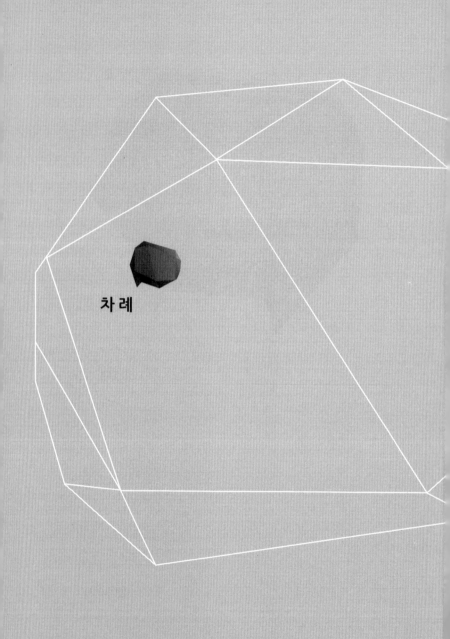

차 례

개정판을 내면서

『기독교란 무엇인가?』는 동일한 제목의 어떤 저술을 보고 "기독교를 피상적으로 생각하게 하는구나" 하는 반성에서 기획되었습니다.

『기독교란 무엇인가?』는 모든 사람이 읽어주기를 바라는 내용입니다. 장로교 목사로서 사역하면서 그리스도인이 어떤 자세를 취해야 할지 난감했습니다. 장로교회는 기독교 이루기에 전념하는 종파입니다. 기독교 안에 다양한 종파가 있는 것은 기독교 세계의 심오함을 증명합니다. 또한 기독교에 대한 공격이 쉬지 않음을 알 수 있습니다. 『기독교란 무엇인가?』

는 기독교 이해를 위한 매우 짧은 글입니다. 기독교가 무엇인지 파악하는 것이 기독교와 한국 교회를 비판하는 이들에게 필요하다고 생각되었고, 비판을 받는 교회도 어떻게 대처해야 할지 자기 근거를 마련해야 합니다.

장로교가 기독교에서 가장 우월한 종파라고 자처하고 싶지는 않습니다. 그러나 장로교 목사로서 장로교에 대한 이해를 포기하고, 포괄적으로 기독교를 이해하는 방식은 좋지 않다고 생각합니다. 가장 장로교인다운 그리스도인이 좋은 그리스도인이라고 생각합니다. 또한 감리교, 침례교, 성결교 등 다양한 종파도 가장 자기 종파다운 그리스도인이 좋은 그리스도인이라고 생각합니다. 『기독교란 무엇인가?』는 훈련을 위한 매우 기초적인 단계입니다.

또한 기독교를 비판하는 불신자들에게도 기독교가 이러한 종교임을 파악한 뒤에 비판이나 비난을 하도록 하는 목적도 있습니다. 세속주의, 맘몬주의에 함몰된 모습이 있지만 그러한 모습은 전혀 기독교적이지 않습니다. 그러한 상황적인 모습으로 비판을 받는 것이 아니라 사상적으로 비판을 받고 싶습니다. 기독교인이 불신자에게 공격을 받을 때에 정당하게 공격하

는지 파악해야 하며, 부당한 이해에 근거한 비판에 대해서 대처할 수 있어야 합니다. 합당한 비판이나 공격에 대해서는 가치를 부여해야 합니다.

개정판을 통해 기독교에 대해서 좀 더 쉽게 이해할 수 있기를 기대합니다. 개정판을 내는 데 이민정 자매가 도움을 주었습니다.

기독교란 무엇인가?

 기독교(基督敎, Christianity)는 세계에서 가장 많은 사람들
이 섬기는 종교(宗敎, religion)[1]입니다. 대한민국의 종교 인구

---

1) 종교(宗敎)라는 단어는 religion, religio를 번역한 단어이다. 서양 문화와 학문
을 먼저 받아들인 일본이 'religion'을 '宗敎'로 옮긴 것이다. 한자 자의(字意)로 의
미를 찾으려고 하면 원래의 말과는 전혀 다른 의미가 나올 것이다. 라틴어 religio는
re=다시, ligio=주워 올린다(take up), '다시 읽어본다', '다시 인식한다'는 의미이다.
religere(다시 인식한다), reeligere(다시 선택한다) 등 유사 단어도 있다. 기존에 있는
형태에서 '다른' 것으로 전환한다는 의미가 있다. 16세기에 religion은 '기독교'와 동
의어였고 20세기까지 기독교 신학에서는 그런 의미로 사용하였다. 그런데 18세기
계몽철학에서는 (로마) 교회의 권위를 부정하는 것을 시대정신으로 삼았고, "기독
교는 종교가 아니다"라고 선언하였다. 계몽철학은 '교리(Dogma)'로부터의 자유를
선언하였는데, 그 교리는 '중세 로마교회의 교권주의'이다. 그런데 그들은 교권주의
를 도려내는 것이 아니라, 기독교의 근본까지 부정하고 파괴하였다. 필자는 "능력
이 없으면 뚜껑을 열지 않아야 한다"고 생각하였다.

는 기독교[개신교(장로교 등)+천주교+기타], 불교, 유교 신자가 대부분입니다. 어떤 사람은 '기독교와 천주교'로 구분하는데, '개신교와 천주교'로 구분하는 것이 적절합니다. 개신교는 우리나라 인구 중 약 20%가 믿는 유력한 종교입니다. 우리나라에 기독교는 구교(천주교)가 개신교보다 100년 전에 들어왔습니다. [2] 그러나 현재 신도 숫자는 개신교가 많으며, 그중에서도 장로교가 우세합니다. 그래서 개신교가 곧 기독교로 불리고 있을 것입니다. 그러나 기독교는 서방교회와 동방교회를 가리킵니다. 기독교는 한 교회, 1세기 예루살렘에서 시작되었습니다.

세계 기독교는 신교와 구교(서방교회), 정교회(동방교회)가 있습니다. 서방 교회의 천주교는 구교(舊敎)이고, 장로교, 감리교, 침례교 등은 신교(新敎)입니다. 구교와 신교이기 때문

---

[2] 우리나라 역사에서 구교(舊敎)와 신교(新敎)에 순교자들이 많이 있었다. 구교는 조선 시대에, 신교는 일제 강점기와 6.25 전쟁 때 순교자가 나왔다. 조선 시대 구교 신자들의 순교는 성모신심(聖母信心)에 의한 순교라는 보고가 있다. 신교의 순교는 일제 식민지 시기의 신사참배 강요에 대한 항거였고(제1계명), 6.25 전쟁 시에는 공산주의의 종교 박멸에 의한 순교였다.

에, 큰집과 작은집으로 생각하는 경우도 있는데, 그렇지 않습니다. 신교는 1세기부터 5세기까지의 기독교의 가치를 회복하려는 개혁 운동이고, 구교는 교황주의 가치를 고수하려는 세력입니다. 정교회는 콘스탄티노플(현재 이스탄불)을 중심으로 형성되었고, 15세기에 콘스탄티노플이 함락되면서 그리스 정교회, 러시아 정교회 등으로 이관되었습니다.

기독교는 2,000년 교회사에서 발생한 모든 종파의 총칭입니다. 개신교(장로교)는 16세기 종교개혁 신학(이신칭의)에 근거한 교회이지만, 4-5세기 정통신학(아버지와 아들이 동일 실체, 그리스도의 양성 교리-한 위격에 두 본성(참 하나님, 참 인간))의 바른 믿음 체계에 근거하고 있습니다.

[하나에서 시작한 다양한 기독교 분파] '기독교'를 단순하게 정의하기 어려운 것은 현재 세계적으로 한 종단이 아닌 다양한 종파로 구성되어 있기 때문입니다. 한국에서도 많은 기독교 분파들이 선교하여 다양한 종파들이 종단을 이루어 활동하고 있

습니다. 다양한 종파들이 있지만 모든 종파는 자기 원점을 1세기 예루살렘 교회로 세웁니다.

기독교는 1세기 예루살렘에서 시작하였습니다(사도행전 2장). 1세기 기독교는 오순절 성령강림 그리고 구약성경의 권위로 시작하였습니다. 교회가 예루살렘에서 시작한 것을 인식하고, 사도의 가르침과 연속성을 추구하는 종단을 '정통 기독교(Orthodox Faith)'라고 합니다. 예루살렘에서 시작한 것을 부인하며, 사도의 가르침을 왜곡하여 '새로운 기독교'를 주장하는 것을 '이단 기독교(Heresy)'라고 합니다.

이단에는 두 종류가 있는데 첫째, 1세기 기독교와 연속한다고 주장하면서 거짓된 내용을 주장하는 것입니다. 둘째, 1세기 역사성과 관계하지 않고 토착 지역에서 발생한 기독교가 있습니다. 둘의 공통점은 자기 주장의 선명성을 강조하기 위해서 불연속성을 자신감 있게 주장하는 것입니다. 전자는 이단이고, 후자는 사교라고 볼 수 있습니다. '이단(異端)'이라고 하면, '거짓 기독교(pseudo-Christianity)'입니다. "이단"은 기독교를 자처하면서 기독교를 거부하는 세력이고, "사교(邪敎) 혹은 사이비(似而非)"는 "거짓 종교(pseudo-religion)"로 드러내 놓고 포악을 주장하는 경우입니다. 이단이나 사교 모두 성경으로 미혹하며 교회를 파괴하는 것은 동일합니다. 기독교 경전인 성경에 근거하면 모두 기독교 범주에 넣어야 합니다. 참고로 '이단(異端)'을 '끝이 다름'으로 이해하는 것은 좋지 않습니다. 우리나라에서 자생해 판명된 이단들은 사교에 가깝습니다.

1세기 예수님께서 예루살렘 골고다에서 십자가에 죽으시고 무덤에서 삼 일에 부활하시고, 감람산에서 승천하시며 제자들에게 성령이 임할 때까지 기다리라고 명령하셨습니다. 120명의 제자들이 순종하여, 예루살렘에 있는 어떤 다락방에 모였습니다. 예수님께서 그들에게 성령이 임하면 "자기의 증인"이 될 것이라고 예언하셨습니다(사도행전 1:8). 제자들은 예수님의 당부에 순종하여 성령이 임할 때까지 모인 장소에서 기다렸습니다. 유월절 후 첫날에 부활하시고, 40일을 지내신 뒤에 승천하셨는데, 그 후 10일이 지난 오순절에 제자들이 모여 있는 곳에 성령이 임하였습니다. 제자들은 예수님께서 약속한 성령을 받았다고 확신하였습니다. 사도 베드로는 많은 군중들 앞에서 예수를 증거하는 복음을 전파하였습니다. 베드로의 증거를 통해서 3,000명이 성령을 받아 회개하고 예수님을 믿었습니다. 제자들은 주께서 약속하신 것처럼 성령을 따라 복음(예수 증인)을 예루살렘과 유대와 사마리아 그리고 땅끝까지 전파하였습니다. 1세기 로마가 통치하던 지역에는 많은 이방 종교들(키벨레, 이집트 종교, 밀의종교)이 개방적이고 적극적으로 포교(포용적 포교)활동을 하였습니다. 그러나 기독교는 오직 예수를 증거하는 단순한 복음(배타적 진리)을 전파하였습니다. 결국 기독교는 로마 황제가 박해하는 유일한 종교가 되었습니다. 기독교는 로마 황제의 박해와 유대교와 이방 종교와 경쟁 가운데서 기독교의 단순한 복음을 전하며 끊임없이 확장되었습니다. 그토록 강하고 긴 기간의 박해 속에서 단순하고 배타적인 내용으로 교회가 설립되고 확장되는 것은 어떤 역사가도 해석할 수 없는 사건입니다. 박해받는 상황에서 교회에 많은 사람들이 들어오는 것은 설명할 수 없는 일입니다. 그러나 기독교는 그러한 상황에서 성장했습니다. 로마제국은 300년 동안 기독교를 박해하였습니다.

A.D. 313년 콘스탄티누스 황제가 밀라노 칙령으로 기독교를 합법적인 종교로 공인하면서 박해가 끝났고, 기독교는 세계 역사의 주류로 등장하였습니다. 안정된 환경 속에서 기독교는 '정통과 이단'을 구분하였습니다. "참된 종교로서 기독교"와 "거짓 종교로서 기독교"를 법적으로 규정한 것이 "정통과 이단"입니다. 정통과 이단을 규정한 회의는 로마 제국의 황제가 개최하였기 때문에 국가법적 구속력을 갖고 있었습니다. 이단으로 정죄받은 세력은 자기 견해를 포기하지 않고 교회의 결정에 불순종하며 교회 안에서 은밀하게 자기 주장을 유지하였습니다. 또한 교회 밖으로 나간 이단도 있었습니다. 이단은 교회사에서 수없이 많이 발생하였고, 각 세대마다 그 세대에 적합한 체계로 변모하며 증가하고 있습니다. 이단으로 정죄받은 주창자들의 공통점은 당시에 인기 있는 교회 사역자들이었다는 것입니다.

그러나 정통 교회는 결코 끊어지지 않았고 2,000년 동안 세계 교회로 유지되고 있습니다. 지금도 정통 교회의 가르침을 믿고 계승하는 기독교 신자들이 있습니다. 장로교회는 정통 교회의 가르침을 계승하고, 주 예수께서 만유의 주이심을 자기 지역에서 확립하려고 정진합니다. 장로교회는 참된 기독교를 이루려고 정진하는 종파입니다.

1세기 예루살렘 한 교회(한 믿음)에서 시작한 기독교는 A.D. 1054년에 서방(로마) 교회와 동방(콘스탄티노플) 교회로 분열하였습니다. 기독교는 '한 교회(보편 교회)'였는데, '두 교회', '서방교회'와 '동방교회'로 나뉘었습니다. 한 믿음이지만 애매한 신학 논쟁(필리오케 논쟁)으로 교회가 분열하였습니다. 사도신경 중에서 "거룩한 공회(The Holy Catholic Church)"는 '한 교회(the universal Church)'를 믿는다는 고백입니다. 서방교회는 16세기 루터와 칼빈의 종교개혁으로 로마 카톨릭 3)(구교)과 개신교(신교)로 다시 분열하였습니다. 칼빈

---

3) 우리는 표준어라는 '가톨릭'을 '카톨릭'으로 사용한다. '가톨릭'은 천주교에서

이 추구한 교회는 "The Holy Catholic Church"입니다. 동방교회 지역은 이슬람 세력이 차지하여 교회가 매우 약화되었습니다. 그리스, 러시아 정교회가 동방교회입니다. 이집트 콥틱, 시리아 정교회, 아르메니아 정교회, 에티오피아 정교회 등은 '단성론자'로 정죄된, 정통 기독교가 아닌 오리엔탈 정교회입니다.

세계 종교인(宗敎人) 분포에서 가장 많은 신도 숫자를 보유한 종교는 기독교인데, 기독교 안에서 다수를 차지하는 종파는 로마 카톨릭입니다. 로마 카톨릭은 세계에서 광범위한 영역을 차지하고 있습니다. 유럽의 프랑스, 스페인, 포르투갈, 이탈리아 등은 강력한 로마 카톨릭 국가인데, 18세기 프랑스 혁명으로 프랑스는 종교자유국가로 전환되었습니다. 로마 카톨릭은 16세기 식민지 정책에 편승하여 남아메리카, 아시아의 필리핀

주장하는 용어이고 표준어로 되어 있지만, '카톨릭'이 더 합당한 음가라고 생각한다. 기독교 교회는 카톨릭 교회이다. 천주교는 '로마 카톨릭'이라고 하여, '로마를 세계 중심 교회라고 생각하는 견해'이고, 기독교는 '승천하신 주님께서 앉아 계신 곳으로 보는 견해'이다. catholic을 한국 천주교에서 가톨릭이라고 부르고 있는데, 우리는 카톨릭이라고 부른다.

을 종교화하였습니다.

개신교는 16세기 종교개혁으로 발생하였습니다. 종교개혁
파들은 1세기 기독교 회복(교부 신학), 성경적인 기독교를 주
장하였습니다. 종교개혁은 중세 로마 교황주의에 대항하여 독
일에서 루터, 제네바에서 프랑스 사람 칼빈에 의해서, 영국에
서는 교황권을 부정하는 정치 상황에서 일어났습니다. 칼빈파
는 스코틀랜드 장로파(언약도)와 네덜란드 개혁파를 형성하였
고, 잉글랜드는 국교회(성공회), 독일 일부, 북유럽 일부는 루
터파 교회를 형성하였습니다. 영국에서는 청교도 운동과 성경
읽기 운동을 통해서 침례교, 감리교, 회중교회, 구세군 등 많은
분파들이 발생하였습니다. 영국에서 미국으로 이주하여 다수
개신교를 형성한 종파가 '침례교'입니다.

17-19세기에 미국에서 대각성운동이 일어났고, 대각성운
동의 강력한 선교 열정으로 남·북 장로교 선교사들이 조선에
들어와 선교하였습니다. 캐나다 장로교, 호주 장로교에서도 조

선에 선교사를 파송하였습니다. 조선에 들어온 선교사들 중에 장로교 선교사들이 다수를 차지하였습니다. 그래서 우리나라에서 '장로교'가 가장 많은 숫자를 차지하는 계기가 되었습니다. 세계에서 우리나라처럼 장로교가 우세한 지역은 없습니다. 장로교의 시초이며 국교인 스코틀랜드에서도 교세가 약화되었고, 미국에서는 침례교가 우세합니다. 그런데 "대한예수교장로회"는 우리나라에서 강력한 종파를 형성하고 있습니다. 더욱 놀라운 것은 우리나라 개신교의 여러 종파에서 '장로 제도'를 운영하지 않는 종파가 없을 정도로 장로교의 영향력이 크다는 것입니다.

이러한 모든 분파의 총합을 '기독교'라고 합니다. 세계 종교 분류에서는 이단 기독교도 기독교로 분류합니다. 타 종교에서는 '이단 기독교'를 기독교의 동류로 분류할 것입니다. 세계 전체 기독교인 숫자 통계를 내면 이단 기독교인들을 기독교에 포함시킬 것입니다. 기독교 인구 통계를 볼 때 그러한 분포를 인지해야 합니다. 기독교 이단 종파가 기독교 안에 포함되어 있지만, 정통 기독교는 '타 종교'보다 '이단 기독교'를 더 경계합니다. 그 이유는 이단 기독교는 정통 기독교를 폐지하고 자기 기독교로 대체시키는 것을 목표하기 때문입니다.

기독교는 그리스도 예수를 바르게 믿고 섬기며 증언하는 종교입니다. 이단 기독교는 그리스도의 이름을 빗대어 자기 유익을 챙기는 거짓이고, 교주를 숭앙하는 사교(邪敎), 교묘하게 자칭 그리스도를 주장하는 사이비(似而非, pseudo)입니다. 성경과 고대 교회 이단들이 그렇게 주장했었습니다. 기독교 교회 안에서 다른 믿음을 가진 사람이 이단(異端)입니다. 다른 종교는 이교(異敎)입니다. 이단 기독교를 이교도(pagans), 이교(paganism)라고 주장하기도 하는데, 당시 서방 사회에 기독교 외에 다른 종교가 없었기 때문입니다. 그래서 '이교(異敎)'를 '이단(異端)'과 동의어로 사용하기도 합니다. 다종교 사회에서는 이교와 이단을 구분할 필요가 있습니다. 이단은 기독교 진영에서 논의되는 사안이고, 이교는 기독교 밖에 있는 다양한 종교(other religions)를 지칭합니다.

기독교는 Christianity, The Religion의 번역입니다. 기독교(基督教)는 '기독(基督)의 종교(宗敎)'라는 뜻입니다. '기독(基督)'은 '그리스도'에 대한 중국어 번역으로 우리에게 소개되었습니다. 우리나라 선교 초기에 '예수 그리스도'를 '야소(耶蘇)기독(基督)'으로 번역하였고, '야소'는 '예수'로 바뀌었지만 '기독'은 '그리스도'와 함께 사용되고 있습니다. 선교 초기에는 '야소교(耶蘇敎)'로 소개되었다가 점차 '기독교'로 전환된 것으로 보입니다. '야소교'는 '예수교'입니다. 즉 '예수교'와 '기독교'는 동일한 종교인데 우리나라는 '야소교'로 불리다 '기독교'로 바뀌어 사용되고 있고, 현재는 모두가 '기독교'라고 통일해서 사용합니다. 한국 장로교 역사에서 '조선야소교장로회'라는 명칭으로 '예수교'가 먼저 사용되었습니다. 기독교, 예수교는 동의어이고, 장로회는 예수교장로회와 기독교장로회가 있습니다.

　중국어 음역에서 온 기독(基督)은 초기에는 '其理斯犢(기리스도)'로 음역하였다고 합니다(김종식 세계기독교박물관 관장). 김종식 관장은 중국에서 '理斯(리스)'를 빼어버리고 '其犢

(기도)'만 사용하다가, 청나라 때에 '基督(기독)'으로 정착되었다고 합니다. 지금은 '基督(기독)'을 '지두'라고 읽는데, '기독'이라는 발음이 청나라 만주족 언어에서 구개음화되었기 때문이라고 합니다. 초기 '야소(耶蘇)'를 사용하다가 발음의 뉘앙스 문제로 헬라어 음역인 '예수'를 사용하고 있습니다. "야소기독"을 "예수 기독"으로 사용하는 것입니다.

기독교는 '그리스도의 종교(The Religion of Christ)' 혹은 '예수의 종교(The Religion of Jesus)'입니다. '기독교'는 '그리스도에 대한 지식'을 가진 분파의 총칭입니다. 그리스도 예수를 아는 지식은 진리와 영생에 이르게 합니다. 그리스도 예수를 거짓되게 인식하도록 유도하는 거짓 가르침과 그것으로 체계화된 집단을 이단이라고 합니다. 교회는 그리스도를 믿는 참된 지식을 진리로 삼습니다. 진리의 전당(기둥과 터, Domus Veritas)인 교회는 그리스도에 대한 지식이 정통 교회의 가르침과 다를 때에 이단으로 정죄합니다. 다양한 분파는 그리스도에 대한 지식에 대한 강조와 적용하는 강조점과 방법에서 차이가 있는 것입니다. 다양한 분파는 1세기 예루살렘 교회를 원점으로 자기 종파의 견해를 증진합니다. 기독교는 그리스도의 종교이므로, 교회를 세우신 그리스도를 믿고 고백해야 합니다. 그리스도를 헛되게 믿음을 용인할 수 없습니다. 오직 참 포도나무이신 그리스도와 연합된 가지인 참된 교회만 기독교입니다(요한복음 15장).

01
인간에게 주어진
종교의 필연성

인간은 동물과 구분되는 많은 특징들이 있습니다. 인간에게는 직립보행, 언어사용, 유머, 창조성 등이 있는데, 그중에서도 '종교'는 인간만이 가지고 있는 고유한 특성입니다. 칼빈은 인간에게 '종교의 씨앗(semen religionis/sensus deitatis)'이 있어 하나님을 알 수 있다고 하여, 인간에게 부여된 하나님 형상을 제시하였습니다. 종교는 모든 인간이 갖고 있습니다. 참된 종교는 기독교입니다. 그것은 창조주 하나님에게서 시작된 세계를 밝히는 종교는 기독교가 유일하기 때문입니다. 기독교는 시작이 있기 때문에 마지막도 명확합니다.

신(神)을 믿지 않는다는 무종교도 종교의 일환으로 보는데, 그것은 무신론을 주장하기 위해서는 신 개념을 전제하기 때문입니다. 인간은 종교를 피하거나 떠날 수 없습니다.

21세기 최첨단 과학 시대에는 종교가 과학 아래에 있는 것처럼 보이지만, 여전히 종교가 세상을 결정하고 선도하고 있습니다. 인류 역사에서 과학과 종교는 갈등한 것처럼 보입니다. 천동설과 지동설도, 코페르니쿠스적 전환, 진화론과 창조론의

대립 등의 역사가 있습니다. 그러나 과학으로 증명한 것은 거의 없습니다. 증명된 과학은 절대적 가치를 가질 수 없습니다. 그런데 진화론적 사고에서는 종교를 인간의 후천적인 **선택적 요소**로 평가합니다. 그래서 인간이 종교에서 자유로울 수 있다고 주장하기도 하지만, 종교 없는 인간은 존재하지 않습니다. 아무리 종교를 부인한다 할지라도 종교적인 세상에서 **떠날 수** 없습니다. 인간은 종교적인 존재이기 때문입니다. 진화론, 탁월한 기술문명 과학 시대에 오히려 미신이 증가하고 있습니다. 인간 의식이 발달한다고 믿는데 원시문명 시대 산물이라는 미신이 증가하고 있습니다.

미신을 제거할 수 있다는 이성과 과학이 지배하는 사회에서 미신이 증가하는 것은 인간의 종교성, 종교의 필연성을 역설하는 것입니다. 최첨단 과학의 시대, 지동설로 체계화된 지 500년이 지났어도 여전히 "해가 뜬다, 해가 진다"라고 말하고 있습니다. 그리고 죽음의 공포에서 해방되지 못하고 있습니다. 수많은 기상 위성이 있어도 태풍 경로나 위력을 정확하게 예측

하지 못하고 있으며 태풍으로 인한 피해를 피하지 못하고 있습니다. 기술이 발달할수록 자연재해에 대한 두려움은 증가하고 있습니다.

기독교와 일반종교(Religion and other religions)에는 다른 점이 있습니다. 일반종교는 '마음의 평안'을 추구합니다. 그러나 기독교는 '구원(죄사함)과 영생'을 목표합니다. 마음의 평안을 얻기 위해서 여러 종교가 제시하는 단계로 취할 수 있는 것은 임시적인 평안에 불과합니다. 기독교는 죄사함과 영생의 소망이 없는 상태에서는 참된 마음의 평안을 얻을 수 없다고 믿습니다. 혹 진리가 없는 상태에서 얻는 마음의 평안을 거부하기도 합니다. 칼 마르크스는 종교(기독교)는 아편이라고 하였습니다. 그는 종교에서 제공하는 평안이 임시적이고 일시적으로 마음의 평안이고 가짜 평안이기에, 계속해서 더 심하게 공급받아야 하기 때문에 아편과 같다고 분석한 것입니다. 마르크스가 살던 시절은 기독교(천주교) 교회에서 맹목적 믿음으로 불평등한 사회를 정당화시켰는데, 마르크스는 그 사회를 거부하면서 기독교까지 거부한 것입니다. 그러나 장로교 믿음 체계에서 "맹목적 믿음"은 "불신앙"으로 간주합니다. 명확한 진리 안에서 평안을 누릴 수 있습니다.

기독교에서 가르치는 구원(죄사함)과 영생은 땅의 생활을 목표하지 않지만, 지상에서도 인간에게 참 평안을 줍니다(요한복음 4:14). 인간의 어떤 행동, 작용, 유도 없이, 하나님께서 주신 은혜, 즉 주 예수를 믿는 고백을 함으로 마음에 평안을 누릴 수 있습니다.

기독교는 마음의 평안, 안식과 행복을 이 땅에서도 확실하게 소유할 수 있다고 믿습니다. 종교의 한 기능인 인간에게 '평안'을 제공하는 것이 기독교에도 있습니다. 그러나 기독교는 참된 평안을 창조주 하나님께서 주신다고 믿습니다. 다른 종교는 인간 내면의 수련을 통해 참된 평안을 소유하도록 가르칩니다. 기독교는 참된 평안이 하나님께 있기 때문에, 평안과 진리의 기원인 하나님, 창조주 하나님과 구속주 하나님께 나가도록 촉구합니다(요한복음 8:32). 기독교는 창조주 하나님과 구속주 하나님을 믿는 종교입니다. 기독교는 인간에게 있는 죄에 대한 죄사함에서 오는 참 평안과 영생입니다. 구속주 하나님께서 자기 백성에게 죄사함을 주십니다. 구속함을 받은 주의 자녀들은 창조주 하나님의 명령을 준수합니다. 하나님을 사랑하고 이웃을 사랑합니다.

02
종교: 미신(거짓 믿음)과
복음(참된 믿음)

우리 시대는 최첨단의 과학 시대, 인터넷과 정보의 시대, 최첨단 교통의 시대라고 하는데, 주변에 미신(점집)은 계속해서 증가합니다. 굿, 당산제 등은 전통문화로 채색되어 주변에서 확산되고 있습니다. 기독교 사회라는 서양에서도 점(点)이 성행하고 신비주의 종교가 범람합니다. 미신은 서양에서 기독교 시대에 사라졌었고, 한국에서는 근대화 운동 시절에 사라졌었습니다. 그런데 왜 미신 행위가 다시 우리 생활로 들어올까요? 그것은 첫째 기독교에 바른 교리가 없었다는 것이며, 삶이 불안하였기 때문입니다. 확실한 지식이 없는 상태에서 빠른 변화는 더 큰 충격을 가져옵니다. 그래서 사람이 빠른 변화에 적응하지 못하면서, 과거보다 더 다양한 불안 요소들이 출현하고 있습니다. 비록 물질은 풍요해지고 있지만, 탐욕은 더 증가하기 때문에 만족이 없고 오히려 불안은 더욱 더 증가합니다. 불안한 인간은 더 많은 미신으로 안정을 얻으려고 합니다.

근대 이전에는 '권위'로 불안을 억압하여 통제하였습니다. 포스트모던(post-modern) 사회는 권위를 부정하기 때문에 불안을 통제할 수단이 사라졌습니다. 인간은 불안을 극복하기 위해서 '자기가 만든 신(神)'인 미신으로 갑니다. 그런데 미신은 암(癌)이나 중독(中毒)처럼 자기 생존을 위해서 인간에게 불안을 더 증폭시키며 공포를 조장합니다. 미신으로 불안 요소를 제거하였다고 생각할 수 있지만, 미신으로는 결코 불안을 제거할 수 없습니다. 제거되었다고 생각된 불안이 더 증폭됩니다. 인간은 미신으로 불안이 제거되지 않아도 끊임없이 미신에 의지하는데, 인간의 '조급함(輕擧妄動)'과 '교만' 때문입니다.

'기복신앙(祈福信仰)'으로 불리는 것도 일종의 미신(迷信)입니다. 자기의 안녕과 유익만을 목적으로 하는 기복(祈福)은 기독교와 전혀 어울리지 않지만, 있다는 것은 애석한 일입니다. 우리나라의 기복종교와 미국의 긍정적 사고방식(positive thinking)은 동의어일 것입니다. 기독교는 예수 그리스도의 인격과 사역을 믿고, 구주께서 주시는 구원(죄사함)과 영생을 믿습니다. 믿는 자는 자기 믿음에 합당한 생활을 하게 됩니다. 감추인 보화와 값진 진주를 사기 위해서 모든 재산을 팔 수 있으며, 진리를 위해서라면 이익뿐만 아니라 생명도 포기할 수 있습니다. 무엇을 소유해야 평안과 행복이 있는지를 구분할 수 있습니다.

그래서 미신(迷信)과 신앙(信仰)은 다릅니다. 미신은 목적(目的)을 소유하거나 소유하려는 기복(祈福)이고, 신앙은 목적(目的)을 추구하며 그 자체로 즐거워하는 진리(眞理)라고 할 수 있습니다. 미신의 목적은 이 땅의 평안과 풍요이고, 신앙의 목적은 죄사함과 영생입니다.

기독교는 철학(philosophy)과도 구별됩니다. 고대 철학은 알지 못하는 근원(arche)을 탐구하는 것이었습니다. 근대와 현대의 철학은 인간의 존재를 탐구하였습니다. 그러나 철학은 언제나 합당한 결론을 내지 못하고 '불가지론(不可知論, agnosticism)'이나 '허무주의(虛無主義, Nihilism)'가 되었습니다. 기독교는 진리의 기원이 '창조주 하나님'임을 밝힙니다. 진리를 아는 시작은 구속주 하나님의 은혜이고, 방법은 '성경(聖經)과 성령(聖靈)'입니다. 기독교는 성경을 해석하는 복음선포와 성령의 교통으로 증진합니다.

03
종교: 과학(가설과 불확실)
vs 믿음(정직한 이성)

이 시대의 시금석은 '과학에 근거한 합리성'입니다. 그렇다면 과학(科學, science)은 무엇일까요? 국어사전에서는 과학을 "어떤 영역의 대상을 객관적인 방법으로, 계통적으로 연구하는 활동, 또는 그 성과의 내용"으로 정의합니다. 객관성을 얻기 위해서 반복 실험을 통해서 동일한 값을 내어 증명해야 합니다. 그러나 실험으로 명확하게 알 수 있는 것은 매우 적은 사항에 불과합니다. 실험에 의해서 증명된 사항도 완전히 정확하다고 할 수 없습니다. 그리고 과학은 논박이 가능해야 합니다. 논박이 없는 이론은 절대가 되어 종교가 됩니다. 그래서 과학 지식은 상대성과 반증을 기본으로 합니다.

학교에서 원주율(π)을 '3.14159'까지면 정확하게 계산한다고 하였지만 정확한 답이 될 수 없습니다. π는 3.1415 9265358979323846264338327950288419716939937510 5820974944592307816406286208998628034825342117 0679......입니다. 원주율(π)이 정확하지 않다면, 인간은 정원(正圓)을 측정할 수 없습니다. 정원을 그렸다고 해도 그것

을 정원이라고 규정할 수 없습니다. '지구 중력 가속도(g)' 도 9.81m/s^2 이라고 하지만 정확한 수치는 아닙니다. 호주 커틴 대학의 크리스찬 하트 박사가 이끄는 연구팀은 지구의 중력 최소값은 페루의 와스카란산 정상으로 9.76m/s^2 이었고 최고값은 북극점 근처의 9.83m/s^2 로 두 값의 차이는 0.07m/s^2 임을 발표하였습니다. 과학은 자기 무능과 오차를 인정할 수밖에 없습니다. 오차를 인정하는 과학은 진리의 시금석이 될 수 없습니다.

최첨단의 과학 시대로 정평된 지금 오히려 '합리'가 아닌 '윤리'를 강조하고 있습니다. IQ(intelligence quotient)에서 EQ(emotional quotient), SQ(Social Quotient 혹은 Spirit Quotient) 등 다양한 지수들을 등장시키고 있습니다. 과학과 윤리는 인간의 만든 허상이기 때문에 인간의 근본 문제를 해결하지 못하여 더 좋은(?) 다른 대안을 만들어 내야만 합니다. 인간은 자기 한계를 인정해야 합니다. 그럼에도 불구하고 고집 센 인간은 자기 한계에 대해서 절대로 인정하지 않으며 물러서

지도 않으며 과학을 맹신하고 있습니다. 과학의 절대적 가치를 주장한다면 윤리의 필요성을 주장하는 것은 정당하지 않습니다. 인간의 육체나 심리, 세계의 복잡한 구조를 이해하거나 통제할 수 없으면서도, 자기 무능을 인정하지 않습니다. 오히려 이제 과학에서 불확정성의 원리(Uncertainty principle, 不確定性原理, 독일 물리학자 W.Heisenberg, 1927년)를 제안하였습니다.

기독교는 '믿음'으로 진리를 증명하는 체계입니다. 기독교에서 믿음은 "그리스도의 구속 은혜로 주어진 하나님의 선물"입니다. 과학은 시대가 변하면서 바뀔 수 있고, 바뀝니다. 그리스도를 믿는 믿음은 2,000년이 지난 지금까지 변하지 않았고 변할 수 없습니다. 변화를 확신하는 진리 체계(mutatis mutandis, 준용/準用)에 지식을 세울 것인지, 변함이 없는 진리 체계에 지식(In Aeternum Veritas)을 세울 것인지 결정하면 됩니다(마태복음 7:15-27).

바른 학문은 자기 기초를 명확하게 말하는 것입니다. 흔들리지 않는 기초가 무엇인지 확인하면 좋은 분별이 될 것입니다. 인간이 확고한 기초를 이 땅의 산물로 세우기는 불가능합니다. 이 땅의 산물은 제한적이고 상대적이기 때문입니다. 그러나 하나님의 선물인 믿음(계시)으로는 가능합니다. 하나님께서 주신 믿음은 하늘 진리(the heavenly doctrine)를 받는 도구입니다. 하나님께서 주신 믿음에서 논리를 전개하는 것은 자기의 무지(無知)와 무능(無能)을 인정하고 전능하신 하나님의 주권(계시)으로 지식을 탐구하는 '중생된 이성, 정직한 이성'입니다. 이 땅의 산물은 한계가 명확한데도 인간에게 무한한 가능성을 두는 지식 체계는 허상(虛像)입니다. 바른 학문은 지식이 깊어질수록 겸손하고 온유하며 창조주 하나님께 나아가 영광을 돌립니다.

과학에 근거한 학문(과학이나 철학)과 하나님의 선물인 믿음에 근거한 학문은 다릅니다. 순수 학문은 온유하고 겸손한 마음으로 종교와 학문을 이룹니다. 인간의 무한 가능성을

독려하는 것이 아니라, 인간에게 겸손과 인내로 정진하도록

합니다(七顚八起, 시편 37:24, 잠언 24:16).

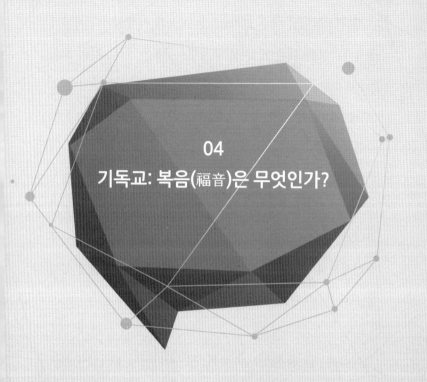

04
기독교: 복음(福音)은 무엇인가?

하나님의 아들 예수 그리스도는 복음의 시작입니다(마가복음 1:1). 보통 복음(福音)을 문자대로 "좋은 소식, 기쁜 소식(good news)"라고 합니다. "인류를 구원하러 오신 주님이 오셨다는 소식"을 복음이라고 하는데, 그보다 "예수 그리스도의 인격과 사역(Sola Christus)"으로 이해해야 합니다. 다윗과 아브라함의 후손(마태복음), 복음의 시작(마가복음), 역사에서 사실(누가복음), 영원한 로고스(요한복음)이신 예수께서 십자가에서 어린양 속죄제물이 되셨습니다. 제3일에 부활하시고 승천하셔서 오순절 예루살렘 다락방에 모인 120명에게 성령을 보내셨습니다.

복음은 죄인을 의인으로 세워 주는 하나님의 능력입니다(로마서 1:17). '능력'은 '소식'이 아니라 '예수 그리스도의 인격과 사역'입니다. 복음은 죄인을 의인으로 만드는 하나님의 구속 경륜이며, 복음을 선포하는 설교입니다. 복음에 하나님의 의(義)가 나타나 있습니다. 복음은 하나님께서 자기 백성을 죄된 세상에서 살리시고, 구원하신 백성을 살리는 의(義)입니다. 복음 전달은 단순한 사실 전달이 아니라, 전하는 자의 전인격과 함께 성령의 역사가 있어야 합니다.

창조주 하나님께서 죄를 범한 아담을(창세기 3장) 회복하기 위하여 메시아를 기다리도록 하였습니다. 믿음의 조상들은 하나님께서 아담에게 주어진 언약(창세기 3:15, 은혜언약)을 믿고 기다렸습니다(히브리서 11장). 노아 홍수 후 4,000년(성경 기록만으로) 후에 약속하신 메시아께서 오셨습니다. 아담의 죄를 구속할 메시아께서 때가 차매(갈라디아서 4:4, A.D. 4년), 약속된 장소에서 태어나시고(베들레헴, 사 7:14) 성장(나사렛)하였습니다(마태복음 1-2장). 그분이 예수입니다. 예수는 베들레헴에서 태어났지만, 나사렛, 갈릴리에서 사셨고, 본디오 빌라도가 총독으로 있던 시절에 33세에 예루살렘 성문 밖 골고다(갈보리)에서 죽으셨습니다. 그리고 제삼일에 부활하셨고, 40일 동안 지내신 뒤에 승천하셨습니다. 그리고 10일 뒤에 오순절에 성령을 보내셨고, 주께서 약속하신 성령을 받은 사도 베드로가 오순절 예루살렘에 모인 유대인들에게 복음을 선포해서 3,000명이 회개하여 예수를 믿었습니다. 예루살렘에서 교회가 형성되었습니다.

복음은 죄인을 구속하시기 위한 예수 그리스도의 영원한 인격(pactum salutis, Logos asarkos)과 성자 하나님께서 땅에 육신으로 오심, 공생애 3년의 사역, 십자가와 부활, 승천과 성령을 보내심, 천상 통치와 재림 그리고 영원한 영광입니다.

복음은 인간의 산물이 아니기 때문에 인간의 이성으로 이해할 수 없습니다. 비록 인간으로 오신 예수님, 인간 언어로 기록된 성경이라 할지라도 인간 이성으로 이해할 수 없습니다. 복음은 오직 성령으로 이해되고, 믿음(Sola Fide)으로만 이해할 수 있습니다.

복음이 선포되고, 복음을 듣고 믿는 자에게 성령께서 그리스도의 구속의 은혜를 적용하여, 구주의 피의 속죄, 죄사함을 믿도록 합니다. 믿음의 사람은 그리스도 안에서 성령의 새 생명의 기쁨과 능력으로 삽니다.

복음은 믿는 자에게 땅에서 기쁨과 평안을 넘어 영생의 소망을 갖게 합니다. 전능한 하나님의 능력은 천지를 창조하시며, 죄인을 의인으로 변화시키십니다. 신자는 창조주이시고 구속주이신 예수를 주(主)와 구주(救主)로 믿어 구원과 거룩한 삶 그리고 영생을 누립니다.

05
기독교의 신(神) 명칭:
'하나님'과 '하느님'

종교는 신(神)을 대상으로 행동합니다. 좀 과격하게 말하자면, 신이 만든 종교와 인간이 신을 만든 종교가 있다고 분류해 봅니다. 기독교가 종교라고 하는 것은 신을 믿음의 대상으로 삼기 때문입니다. 기독교는 신께서 제정하신 종교로 확신합니다. 그래서 계시 종교라고 말하기도 합니다. 기독교의 특징은 신의 이름이 있는 것입니다. '이름'이 있기 때문에 인격종교라고 합니다. 인간이 만든 신은 이름 없는 신의 사제들과 교류해야 합니다. 기독교는 인간을 창조하신 신과 교제하기 위해서 어떤 매체가 필요하지 않다고 고백합니다(요한복음 1:12-13).

기독교에서 사용하는 신(神) 명칭이 '하나님'이냐? '하느님'이냐? 하는 물음이 있습니다. '하나님'과 '하느님' 그리고 '신(神)'은 일반명사로 동일합니다. 한국 선교 초기에 'God'을 당시 사회에서 사용하던 '천부(天父)', '상제(上帝)' 등으로 번역하였습니다. 영어에서는 고유명사와 일반명사를 'God'와 'god'로 구별해 표기하지만, 독일어에서는 'Gott'와 'Gott'로 표기와 발음상 구별이 없습니다. 조선에 들어온 기독교 중 천주교는 '신(神)'의 명칭을 '천주(天主)'와 '하느님'으로 정착시켰습니다. 개신교에서는 '상제(上帝)' 등도 사용하였지만, '하나님'으로 정착되었습니다. 한국 개신교에서는 기존에 사용되던 '신(神)'에 대한 문자와 발음이 일반 사회와 다른 명칭, '하나님'을 사용한 것입니다. 간혹 'ㅎ·ㄴ님'이 '하나님'으로 정착되었다고도 하고, '하나'+'님'으로 창안하였다고도 합니다. 정확히 어떻게 창안되었는지는 알 수 없지만, 개신교에서는 독특하게 신 명칭으로 '하나님'을 사용하였고 정착되었습니다.

그런데 개신교 안에서 신(神)을 '하느님'으로 부르자는 견해가 있습니다. '하나님'이나 '하느님'은 'God'에 대한 번역으로 의미에 차이가 없기 때문입니다. 개신교에서는 한국의 일반적인 신(神)과 명확하게 구분할 수 있는 어휘 '하나님'을 사용합니다. 한국 사회에서 '하나님'이란 단어는 기독교의 독특한 신(神)임을 인식할 수 있게 하였습니다. 그러한 일은 세계 역사에서 찾아볼 수 없는, 한국에만 있는 일입니다. 좀 더 "하나님은 믿지만", "신을 믿지 않는다"고 표현할 정도로 "하나님"이란 단어가 정착되었습니다.

한국 개신교의 아름다운 역사 중 하나는 독자적인 신명(神名)을 창출한 것입니다. 어느 선교 역사에서도 기독교 자체의 신의 이름을 창출한 일이 없고, 현지에서 사용하던 신의 이름을 기독교 신의 번역어로 차용하였습니다. 아랍 지역에 있는 기독교 선교에서는 '하나님'을 '알라'로 번역하여야 한다고 합니다. 그래서 아랍 측에서 성경에 '알라'라는 명칭을 사용하지 못하도록 해야 한다는 견해가 있다고 합니다. 말레이시아 정부는 이슬람 외 다른 종교(기독교)에서 신을 지칭할 때 '알라'라는 단어 사용을 금지하였는데(2014년 대법원 판결), 기독교 주일 예배에서는 '알라'를 사용하고 있다고 합니다. God, Gott, 알라까지, 기독교 선교에서 자체 신(神) 명칭을 만들지 못하였는데, 우리나라에서는 '하나님'이라는 명칭으로 구별하여 사용하고 있습니다. 기존의 신, 토속신과 다른 유일하신 신(神) 명칭인 '하나님'을 소유한 것은 한국 교회의 독특한 일입니다. 그래서 그 좋은 명칭이 잘 보존되고 활용될 수 있기를 기대합니다. 한국에 들어온 이슬람교는 꾸란의 '알라'를 '하나님'으로 번역하여 사용하고 있습니다. '하느님'이라는 명칭도 있는데, 굳이 '하나님'을 사용합니다.

종교는 사회 구성에서 매우 중요한 요소인데, '의식'을 주도하는 첫째 요소이기 때문입니다. 우리나라는 다종교가 균등하게 분포하고 있지만, 종교 갈등이 사회적으로 일어나지 않는 독특한 모습이 있습니다. 한국 개신교가 토착신의 명칭과 다른 '하나님'이라는 이름을 만들었기 때문에, 한국 개신교는 자연스럽게 '구별된 종교로서 기독교'라는 인식이 발생하였습니다. 아무리 진보적 성향이라 할지라도 '보수적 기독교'를 견지해야 합니다. 그것은 일반 사회와 전혀 다른 신명인 '하나님'을 사용하기 때문입니다.

일부 개신교 학자들과 천주교에서 '하느님'을 사용하는데, 많은 사람들은 기독교의 신을 '하나님'으로 인식하고 있습니다.

06
거부할 수 없는 하나님의 존재

모든 인간은 신(神)을 인정합니다. 신(神) 존재를 거부하는 인간은 없습니다. 그래서 인간의 종교성은 인류의 보편적인 성향입니다(로마서 1:19-20). 16세기의 신학자 칼빈은 인류에게 있는 미신(迷信), 우상숭배도 하나님의 존재를 증명한다고 합니다. 20세기 로마 교회 신학자인 칼 라너는 무신론자도 신(神)개념을 피할 수 없다고 주장하였습니다. 무신론자는 유신론을 전제하기 때문에 유신론적 무신론자입니다. 인간이 동물들과 구별되는 독특성 중에 하나가 '신(神)을 인식하는 것'입니다. 진화론적 사고에서는 신은 인간이 창안한 개념이라고 하고, 동물에게도 종교 의식이 있다고도 합니다. 어떠한 개념을 만들어도 인간은 신 의식에서 탈출할 수 없습니다.

인간이 신(神)을 부정하려고 해도 인류는 결코 신을 부정하지 못하였습니다. 인간은 부단히 '신의 굴레'를 피하려고 하였지만 피하지 못하였습니다. 신을 떠나면 떠날수록 인간은 인간성을 파괴하는 형태로 나갑니다. 프랑스 혁명 때에(1792년) 일주일 7일을 10일로 바꿨습니다. 소비에트 혁명에서는 일주일을 5일(1929년), 6일(1932년)로 수정하려고 하였습니다. 모두 성공하지 못하였고, "일주일 7일"이 운용되고 있습니다. 그리고 동성혼인을 유럽 지역에서 허용하고 있는데, 만약 동성혼인으로만 사회가 구성된다면, 인간 존재는 자연에서 사라지게 될 것입니다. 즉 동성혼인은 이성혼인의 존재 위에서만 존재할 수 있습니다.

인간은 언제나 신을 부정하고 신을 떠나 자기 방법으로 살려고 합니다. 자기가 만든 신을 동원해서 그러한 일을 진행하기도 합니다. 신을 떠나 인간처럼 살려는 인간의 삶에서 더욱 더 비인간적인 모습을 발견하게 됩니다. 압박을 받은 인간은 압박을 해소하기 위해서 '다른 창조물'을 만들기 때문입니다. "가상의 신"도 아닌 "다른 대체수단"은 더 위험합니다. 성경은 이러한 신을 "공중권세 잡은 자"라고 합니다. 죄를 더할수록 더 강력한 악한 영적 권세가 나오는 것이 필연일 것입니다. 인간의 근본적인 문제를 해결하는 길은 "참 신"에게 돌아가는 것입니다. 인류는 "참 신을 섬기는 사람"과 "가상의 신을 이용하는 사람"으로 나눌 수 있습니다. 인간이 '생존을 위해서' 신을 이용하는 것이 아니라, 인간 "자체를 위해서" "참 신(神)"을 섬겨야 합니다. '참 나', 자아(自我)는 참 신, 창조주 하나님을 바르게 알고 섬길 때에 알 수 있습니다. 자기 근본이 무엇인지 확실히 알기 때문입니다. 진정한 자기를 찾기 위해서 신을 떠난다면 피폐해진 자기에게 이를 것입니다.

그런데 인간 스스로 "참 신(神)을 섬기는 것"이 불가능합니다. 그것은 아담이 하나님을 섬기다가 반역하여 본래 자리를 이탈하였기 때문입니다. 아담의 후손들은 이탈한 자리에서 하나님께로 가려 하기 때문에 노력하면 할수록 이탈하는 성향(반역의 성향)이 됩니다. 그렇기 때문에 자연 상태의 인간이 참 신을 섬길 수 없습니다(전적부패). 혹 참 신을 섬기려는 욕망이 있어도 할 수 없습니다(전적무능). 기독교는 인간이 존재론적으로 참 신을 섬길 수 없다고 믿습니다. 그리고 참 신, 창조주 하나님을 섬기는 일은 구속주 하나님의 은혜, 곧 죄사함에서 시작합니다. "주 예수를 믿으라, 그리하면 너와 네 집이 구원을 받으리라"(사도행전 16:34, 사도행전 4:12). 그런데 죄 사함을 받은 인간이어도 자연스럽게 창조주 하나님을 섬기는 것은 아닙니다. 육체를 갖고 있는 인간은 자연스럽게 거룩하신 하나님을 거부하는 방향으로 갑니다. 주의 진리를 성령의 도움으로 알아 순종하며 정진합니다.

신실하신 하나님께서 자기 형상인 아담이 반역하고 부패하였음에도 구원의 길을 주셨습니다(창세기 3:15). 하나님의 독생자께서 직접 땅에 오셔서 아담의 죄를 구속하시고(네 복음서), 자기를 믿는 인간의 육체에 성령을 부어주셨습니다(사도행전 2장). 성령 하나님의 사역으로 인간은 하나님을 알고 섬길 수 있습니다. 참 신, 하나님의 존재를 알 수 있는 유일한 길은 구속주이신 예수 그리스도를 믿어 죄사함을 받는 것입니다. 인간의 입에서 예수 믿음을 고백하며, 거룩과 착함(聖善)으로 이 땅에서 삽니다. 예수를 믿는 사람은 교회 이루기를 기뻐합니다. 믿음으로 하나님의 뜻인 기쁨. 기도와 감사로 삽니다(데살로니가전서 5:16-20). 그리스도인의 신비는 어떤 상황에서도 항상 평안과 만족을 이루고 이룰 수 있다는 것입니다(빌립보서 4:12-13). 뿐만 아니라 자기에게 이루어진 평안의 기원을 명확하게 알고 고백할 수 있습니다.

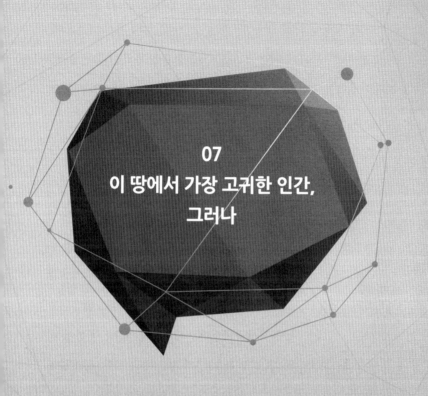

07
이 땅에서 가장 고귀한 인간,
그러나

지구에서 가장 고귀한 존재는 '사람'입니다. 인권(人權, human right)이라는 개념은 근대에 등장하였습니다. 1789년 프랑스 혁명에서 왕권을 혁파하면서, 왕의 천부적인 권리를 민중에게로 전이시킨 역사적인 규정입니다. 천부인권(天賦人權)을 자연권(自然權, natural rights)이라고도 합니다. 모든 국가 헌법(憲法)에서 인간의 기본 권리를 선언하고 있지만, 왜 천부인권인지, 어떻게 하여야 권리가 증진되는지에 대해서는 아직도 의견이 다양합니다. 현재 'UN인권위원회(UN Commission on Human Rights)'가 세계인의 인권의 표준을 마련하였지만, 그 기준을 완벽하게 준수하는 국가는 없습니다(참고. NGO 단체 국제앰네스티). 사형제도 폐지, 동성애 허용, 양심적 병역거부 허용 등 다양한 부분에서 인간 권리 증진을 위해서 노력한다고 합니다. UN의 인권선언은 세계이성이 지향하는 지향점입니다. 그런데 인권이 증진된다는 세계에서 테러, 자살, 정신병, 다양한 중독(中毒) 현상 등은 급증하고 있으며, 인간 존재 자체가 붕괴하는 양상이 증가하고 있습니다.

고대 종교나 철학에서는 인간을 긍정적으로 평가하지 않았습니다. 모든 종교, 윤리, 철학이 인간은 항상 연약하며, 부족하고 불합리한 존재로 인식하고 있습니다. 그런데 기독교는 인간을 '죄인(罪人)'이라고 명확하게 규정하는 독특함을 갖고 있습니다. 인간을 '부족하고 무능한 존재로 평가할 것인가?', '죄인으로 평가할 것인가?'는 중요한 차이가 있습니다.

자기 의식의 기원을 밝히는 종교나 사상은 없습니다. 기독교는 죄의 원인을 성경에서 명확하게 밝힙니다. 성경은 인류의 기원인 아담의 범죄(반역)를 죄의 시작으로 제시합니다(창세기 3장). 성경에서 죄의 기원과 성격을 명확하게 제시하는 것은 죄를 제거하고 억제할 수 있는 정확한 처방이 있기 때문입니다. 예수님은 자신을 '의사'로 표현하셨습니다(마가복음 2:16-17). 의사이신 예수는 죄를 치료하고 회복시키는 일을 성령으로 하십니다(참고. 마태복음 1:21-25).

근대에 이르러 인류는 '인간 심리(마음)'에 대한 연구를 100

년 이상 전개하고 있습니다. "할 수 있다"는 긍정에서 출발하였지만, 결국 인간 의식 구조를 알 수 없음으로 귀결시키고 있습니다. 그래서 정신병, 우울증 등의 치료약을 만들지 못하였고, 병리현상에 대해 신경을 억제하는 약물을 처방합니다. 마음의 평안을 위해서 일종의 수련으로 긴장된 마음을 완화시키는 훈련을 하는 경우도 있습니다. 그러나 모두 임시처방에 불과하고 마음을 더 좋게 만들 수 없습니다. 임시 효과로 만연된 삶의 문제, 죄 문제를 개선할 수 있는 길이 있습니다. 기독교의 평안은 한 번에 주어진 믿음으로 영생하는 기쁨과 평안을 이룹니다.

"예수께서 대답하여 이르시되 이 물을 마시는 자마다 다시 목마르려니와, 내가 주는 물을 마시는 자는 영원히 목마르지 아니하리니 내가 주는 물은 그 속에서 영생하도록 솟아나는 샘물이 되리라"(요한복음 4:13-14)

기독교는 죄의 원인과 과정 그리고 결과를 분명히 알고 처방을 합니다. 죄의 문제가 해결되지 않으면, 자기 자신, 이웃, 어느 누구도 사랑할 수 없고 자유도 없습니다. 성경에 기록된 대로 죄인을 구속(치료)하신 예수 그리스도를 믿고 고백하는 것입니다. "진리를 알찌니 진리가 너희를 자유케 하리라"(요한복음 8:32).

인간 자신의 비참함을 깨닫는 것은 높은 수준입니다. 소크라테스는 무지의 지(無知의 知, 너 자신을 알라)를 설파하였습니다. 그런데 그의 제자들은(플라톤과 아리스토텔레스) 인간 스스로의 길을 개척하여 지금까지 이르고 있습니다. 그러나 기독교는 "구주 예수를 믿으라"고 촉구합니다. 구주 예수를 믿음에 인간의 근본적 문제를 해결하는 길이 있습니다. 누구든지 주의 이름을 부르면 구원을 받습니다(사도행전 16:31, 로마서 10:13).

08
죄사함

기독교는 죄사함에서 시작하는 종교입니다. 예수 그리스도는 세상의 죄를 구속하시기 위해서 오신 구세주(메시아, 그리스도)입니다(마태복음 1:21-23, 요한복음 3:16, 1:12-13). 많은 종교들은 죄사함(죄를 제거함)을 생각하지 않고, 마음의 평화(내면의 평화)와 기쁨을 추구합니다. 죄의 개념은 '액땜' 등으로 인생에서 간략한 사건(episode)으로 생각하고, 인생의 '안녕'을 위한 필요 단계로 생각하는 경향이 있습니다.

모든 종교는 신자(信者)에게 마음의 위로와 평안을 주는 것을 목표합니다. 그런데 마음의 위로와 평안을 위해서 복채(卜債)를 내게 하거나 희생(犧牲), 헌신(獻身)을 요구합니다. 그러나 인간의 마음의 위로와 평안은 인간이 만든 방편으로 이룰 수 없습니다. 인간은 스스로 있는 존재가 아니기 때문에, 스스로 위로와 평안을 만들 수 없습니다. 인간의 몸과 마음을 창조한 창조주의 위로와 평안이 참된 평안을 줍니다.

창조주께 반역하는 인간에게 참 평안이 있을 수 없습니다.

생명과 평안의 근원을 부정하고 거부하기 때문입니다. 인간이 할 수 없기 때문에 하나님께서 직접 인간으로 오셔서(성육신) 속죄 제물로 죄사함을 성취하셨습니다. 구속주 하나님의 은혜로 죄사함을 받은 사람은 성령으로 창조주 하나님께 영광을 돌리는 생명을 누립니다.

죄사함 없이 마음의 평안이 있다는 것은 위선(僞善)입니다. 인간의 위선에 대해서 칼빈은 무시무시하게 포악한 황제도 번개 칠 때에 이불 속에서 부들부들 떨었다고 하였습니다. 인간의 위선은 누구도 알지 못하게 숨길 수 있습니다. 그러나 하나님을 속일 수 없습니다. 그것은 그 내면이 알 것이고, 불안을 알지 못한다면 너무 굳어진 마음(거짓으로 완벽하게 삶의 체계를 이룬 마음)입니다.

마르크스는 종교를 '아편'이라고 평가하였습니다. 마르크스가 비판한 '종교'는 그 당시 유럽의 종교인 '그 당시 기독교'입니다. 마르크스는 교회가 아편을 제공하는 것으로 보았습니다. 마르크스와 그의 제자들은 변증법적 세계관으로 아편을 제거하는 것을 인류애로 생각하여 공산혁명을 일으켰지만 100년도 되지 못해서 문제점을 드러냈습니다. 인간 본성에 뿌리박힌 종교심과 탐욕을 제거할 수 없었기 때문입니다. 그러나 하나님께로 돌아선 것이 아니라 더 다른 방법을 창안하였습니다. 계급 이데올로기(class struggle)에서 젠더 이데올로기(Gender Ideology)로 전환한 것입니다.

인간의 탐욕과 종교심이 결탁한 종교는 '맘몬(Mammon)'으로 우리 시대에 만연해 있습니다. 돈이 목적이고 돈이 있어야 평안합니다. 돈 때문에 사람이 죽고, 사람을 죽음으로 내모는 것이 우리 사회의 단면입니다. 돈을 거부한다면서도 인위적으로 마음의 평안을 추구하는데, 모두 창조주를 떠나 스스로 평안을 얻으려는 행동입니다.

그러나 기독교는 구주의 죄사함을 시작으로 창조주 하나님의 평안과 위로를 추구합니다. 마르크스는 당대 유럽의 현상으로 기독교를 분석하여 규정하였지만, 기독교는 성경으로만 바르게 알 수 있습니다. 마르크스가 보지 못한 기독교는 아편을 취급하지 않고, 영원한 생명을 취급합니다(요한복음 4:14).

죄사함의 방법은 성경에 있으며, 죄사함을 받은 사람은 '그리스도인'이란 자기정체성을 갖습니다. 십자가에서 죽으시고 제3일에 부활하시고 승천하신 예수님께서 사도 바울을 부르신 것처럼 자기 백성을 부르십니다. 죄사함은 하늘 보좌 우편에 앉으신 주의 음성을 들으면서 시작하지만, 그 음성을 바로 인식할 수는 없습니다. 사도 바울이 아닌 다른 그리스도인은 하늘 소리가 아닌 복음 전도자의 음성에서 시작합니다. 복음 전도자는 주의 이름을 전파합니다(사도행전 1:8, 로마서 10:13-15). 누구든지 주의 이름을 믿는 사람은 자신과 가족이 구원을 받습니다. 전도자의 복음을 듣고 믿음을 가지는 것은 성령의 능력이며 선물입니다.

"주 예수를 믿으라, 그리하면 너와 네 집이 구원을 받으리라"(사도행전 16:31)

09
인간 본성의 회복

성경은 모든 인간을 죄인으로 규정합니다(로마서 3장). 로마서는 사도 바울이 A.D. 50년 무렵에 기록하였는데, B.C. 15세기에 모세가 기록한 창세기 3장에서 죄의 시작을 아담으로 기록하고 있습니다. 아담이 지은 죄는 창조주 하나님의 말씀을 거역한 반역입니다.

많은 종교들은 사람을 죄인으로 규정하지 않고, 무한 가능성을 내재한 존재 혹은 하나님의 자원을 받을 수 있는 존재로 규정합니다. 종교들은 죄의 근원 문제를 명확하게 밝히지 못하기 때문에 구체적인 해결 방법도 제시하지 못합니다. 어떤 집단은 인간을 무(無)의 세계로 인도하려고 훈련시키기도 합니다. 정신 쾌락 혹은 육체 쾌락으로 인도하는 사상과 종교도 있습니다. 그러나 기독교는 죄의 시작과 과정 그리고 결과에 대해서 명확하게 밝히며, 죄를 해결하는 방안까지 제시합니다.

기독교는 죄가 있으면 하나님께 영광을 돌리지 못할 뿐만 아니라, 인간에게 어떤 선한 가능성도 없는 것으로 규정합니다

(로마서 3:11, 로마서 3:23). 사람이 어떤 위인을 존경하거나 부러워하는 것은 자신이 그 당사자가 아니기 때문입니다. 어떤 위인이나 유명인도 그 마음 안의 공허함을 스스로 이길 수 있는 사람은 없습니다. 그리고 어떤 위인(偉人)도 자신을 믿으라고 선언하지 못하였고, 자신이 죄를 용서한다는 선언도 못 하였습니다. 다른 사람에게 믿음이 되지 못하는 인간, 다른 사람의 문제를 해결하지 못하는 인간은 '천재' 혹은 '영웅'일 뿐입니다. 천재의 길에 자기 인생을 투자하면, 결국 천재의 함정에 빠지게 됩니다. 천재가 풀지 못한 문제를 범인은 절대 풀지 못합니다. 그래서 천재가 위대하게 보일 수 있습니다. 그러나 천재도 인간일 뿐입니다(고린도전서 1:18-25). 성경은 인간을 철저하게 부패한 죄인으로 규정합니다. 인간을 철저하게 죄인으로 진단한 것은 정확한 치료자가 있기 때문입니다(마태복음 9:12, 마가복음 2:17).

인간(아담)의 죄는 창조주 하나님의 말씀을 거역한 반역입니다. 창조주 하나님의 자리를 탐한 반역입니다. 창조주 하나님께 범한 죄는 창조주 하나님만이 용서할 수 있습니다. 죄를 범한 인간이 스스로 죄 용서를 선언할 수 없습니다. 창조주 하나님께서 반역한 죄인에게 일방적으로 죄 없음을 선언하지 않으셨습니다(공의의 하나님). 죗값을 치러야만 합니다. 순수한 인간이 범한 죄는 순수한 인간의 생명으로 갚아야 합니다. 범죄한 인류에서 순수한 인간이 탄생하는 것은 불가능합니다. 결국 하나님께서 직접 인간이 되셔서 이 땅에 오셔서 순수한 인간(어린양)이 속죄제물로 죄사함을 이루셔야 하였습니다. 그 인간이 1세기 베들레헴에서 태어나시고 갈릴리에서 사역하시고 예루살렘에서 죽으신 예수님입니다. 죽으신 지 3일에 예루살렘 무덤에서 부활하셨고, 갈릴리에서 제자들을 이끌고 예루살렘으로 오셔서 승천하셨습니다. 예수께서 순전한 자기 몸을 십자가에서 대속제물로 내어 놓으셨습니다. 창조주 하나님께서 구속주로 이 땅에 오셔서 치료하는 모습과 방법을 말씀해 주셨습니다. 한 사람으로 인류에 죄가 들어왔듯이, 한 사람의 순종으로 인류의 죄를 치료하고 회복하셨습니다. 구주 예수께서 직접 죄를 사하시고 성령을 보내셔서 자기 백성을 구원하여 자기 소유로 삼으십니다.

예수께서 죄 없는 몸으로 태어나시고 사시다가 십자가에서
피 흘리심으로 자기 백성의 죄를 치료(대속 제물로 의의 수여
의 근거 확립)하셨습니다. 치료를 받은 사람(그리스도의 속죄
를 믿음)은 하나님과 함께 '생기와 활기'로 생활합니다(화해).
인류의 죄를 해결하신 구주는 오직 한 분 예수 그리스도입니
다(사도행전 4:12). 누구든지 주의 이름을 부르는 자는 구원을
얻습니다(로마서 10:13). 하나님의 부르심에는 결코 후회하심
이 없습니다(로마서 11:29).

10
주 예수 그리스도

"기독교는 주 예수 그리스도의 종교"입니다. 성경에서 '예수'의 의미를 '죄에서 구원할 자'라고 하였습니다(마태복음 1:21, 사도행전 2:36). '그리스도'는 헬라어이고, 히브리어로 '메시아'입니다. 구약성경 창세기 3:15의 '여자의 후손'이 그리스도, 메시아입니다. '죄'에서 구원할 메시아를 기다리도록 구약성경은 훈련시켰습니다. 그런데 1세기 유대인들은 '현재 비극적 상황'에서 탈출시킬 '정치적 메시아'를 기다렸습니다. '예수 그리스도'는 '죄에서 구원할 메시아'입니다.

통상 '그리스도 예수'와 함께 '주 예수 그리스도'를 사용합니다. 성경에서는 '예수 그리스도', 혹은 '그리스도 예수'를 교차적으로 많이 사용합니다. '그리스도'는 '직분'이고 '예수'는 '이름'입니다. 공적 문서에서는 직분을 앞에 쓰고 이름을 뒤에 쓰는 것이 관례입니다. 사도는 주께 보냄을 받은 유일한 권위자로 '그리스도 예수'라는 공적 문서(서신서)를 교회와 그리스도인에게 보낸 것입니다. 그 문서의 효력은 지금까지 유효합니다. 예수께서 하나님 보좌 우편에 계시기 때문입니다. '주'는 항상 앞에 등장합니다. 예수를 '주'로 고백하는 것은 믿음 고백의 신비입니다.

'주(主)' 개념은 '70인역(LXX, Septuagint)'과 관계있습니다. 70인역은 B.C. 200년경 이집트 알렉산드리아에서 히브리어를 잊어버린 헬라어 사용자 유대인을 위해서 히브리어 구약성경을 헬라어로 번역한 것입니다. 72명(12×6)이 번역하였다는 전설이 있으며, 1세기 유대인에게 절대적이었습니다. 그런데 70인역에서 히브리어 '여호와'를 헬라어 '퀴리오스(Kyrios)'로 번역하였습니다. 퀴리오스의 영어 번역은 'Lord'이고, 우리말은 '주(主)'입니다. 신약성경에는 '여호와'가 등장하지 않고, '주'만 등장합니다. 요한복음에서 예수께서 자신을 가리키실 때 '에고 에이미(εγω ειμι, I am)'를 7회 사용하기도 하였습니다(참고, 출애굽기 3:14).

'예수'라는 이름이 1세기 유대 지역에 많았다고 합니다. '예수'는 헬라어이고, 여호수아, 호세아와 동일한 이름으로 '구원자'라는 뜻입니다. 마태복음에서 천사가 마리아에게 수태 소식을 알렸고, 태어날 아이 이름을 정혼자 요셉에게 주었습니다. 마태복음에서는 구원의 범위를 '죄에서'라고 제한하여 소개하였습니다(마태복음 1:21). 예수님께서 죄에서 구원할 구주로, 죄사함의 구주이심을 밝혔습니다. 예수는 죄에서 구원하여 임마누엘을 성취하시는 구주이십니다(마태복음 1:23, 이사야 7:14). 임마누엘을 위해서는 반드시 죄사함이 선결되어야 합니다.

'그리스도'는 헬라어이고, 히브리어로는 '메시아'로 '기름부음 받은 사람'입니다. 메시아(Messiah)는 오직 "오실 메시아"를 지칭합니다. 기독교는 A.D. 1년에 배들레헴에서 태어나신 분을 구약에서 예언한 메시아로 믿습니다(로마서 1장). 유대교는 아직도 "오실 메시아"를 기다리고 있습니다. 이슬람교는 예수를 이사(Isa)라 하며 "선지자 중 하나"로 규정하고, '보다 나은 최종 메시아'로 마호메트를 숭상합니다. 기독교는 "오신 메시아"(1세기)를 믿으며, "오실 메시아"를 믿고 전하고 있습니다.

'주(主)'는 여호와 하나님으로 창조주 하나님이며, 구속하신 뒤에 만유의 통치자이시며 심판자이십니다. 사도 베드로는 예수를 주와 구주로 고백합니다(마태복음 16:16, 사도행전 2:36, 베드로후서 1:1).

기독교는 죄사함에서 시작하기 때문에 구속주 예수 그리스도를 믿음을 먼저 고백합니다. 그리고 창조주 하나님의 경륜을 충실하게 진행합니다. 믿음의 주이신 그리스도 예수는 신자의 증언에서 영광을 받으십니다.

11

그리스도인의 삶(성화)

"예수 그리스도의 피로 구속함 즉 죄사함을 받은 사람"을 "그리스도인"이라고 부릅니다. 죄사함은 창조주 하나님을 알며 경배할 수 있으며, 사람을 아는 지식을 정당하게 세울 수 있게 합니다. 누구든지 주 예수의 이름을 부르는 자는 구원을 받습니다(로마서 10:13).

하나님께서는 구속을 받은 그리스도인들에게 성령을 선물로 주셔서 새로운 삶을 살도록 하셨습니다(사도행전 2:38). 성령을 받은 그리스도인은 믿음으로, 성령으로 삽니다. 그리스도인의 시작을 '칭의'라고 하고, 성령으로 사는 삶은 '성화'라고 합니다. 칭의(소명, 중생, 회개, 믿음(신앙), 칭의, 양자)에서 성화(성화, 견인) 그리고 영원한 영광입니다. 성령은 믿는 자 안에서(로마서 8:18-30) 역사하여 더욱 더 그리스도인으로(로마서 1:16-17) 성장하게 합니다.

첫째, 그리스도인은 그리스도와 연합하여 삽니다. 성령께서 믿는 자에게 내주하여 그리스도와 신자를 묶는 끈처럼 역할 하여 그리스도와 연합을 이룹니다. 둘째, 그리스도인은 성령께 받은 은사로 자기의 소명을 이룸으로 교회에 유익을 더하고 기독교 문화를 이루어 갑니다. 죄사함은 모든 그리스도인이 동일하지만, 은사는 각각 다릅니다. 모든 그리스도인들은 개인적인 은사를 받았으므로 계발하여 적극적으로 활용해야 합니다. 셋째, 그리스도인의 삶은 자기 십자가를 지는 삶입니다. 주님과 동행하는 것은 십자가를 지는 것입니다(마태복음 11:25-30, 16:24). '자기 십자가'를 지는 것이지, 타인의 과오를 감당하고 참여하는 것과 엄격하게 다릅니다. 넷째, 그리스도인의 삶은 기도하는 삶입니다. 기독교의 기도는 타종교의 기도와 다릅니다. 기독교 기도는 구속 은혜에 정확하고 명료하게 기초하기 때문입니다. 기독교의 기도는 기도를 받는 주 하나님에 대한 명확한 믿음과 인식이 있는 기도입니다. 인생 문제 해결이나 기복(祈福)만을 위해 기도하는 것이 아닙니다. 다섯째, 그리스도인은 구원의 확신을 갖고 삽니다. 그리스도인은 구원을 은혜로 받은 것이기 때문에, 하나님의 은혜로 구원 이룸까지 정진합니다(로마서 8:35-39).

12
예수 그리스도: 교회의 머리

영원한 하나님의 경륜은 하나님의 독생자 예수 그리스도를 교회의 머리로 작정하셨습니다. 그리스도께서 모든 인류에게 복음을 가르쳐서 가장 큰 자로부터 가장 작은 자에 이르기까지 자기와 연합한 자기 백성, 자기 나라(그리스도의 왕국)를 창설하셨습니다.

구약 시대에 하나님께서 이스라엘을 하나님의 백성으로 삼아 제사장 나라의 일을 하도록 하였습니다(출애굽기 19:6, 요한계시록 1:6). '제사장 나라'라는 것은 모든 열방을 하나님께로 이끄는 사명이 있는 것입니다. 그런데 이스라엘은 자기 욕심을 위해서 여호와를 자기의 신으로 전유시켰습니다. 하나님의 율법을 무시하고, 제사를 자기 야망의 도구로 사용하였습니다. 결국 이스라엘은 이스라엘의 머리이신 여호와 하나님의 계명을 거부하였고, 자기 직무를 상실하였습니다. 여호와께서 그 상징으로 북이스라엘 나라(B.C 722년)와 남유다의 예루살렘 성전은 파괴되었습니다(B.C 605년, 587년). 그 뒤로 유대 땅은 피지배 지역이 되었습니다.

예루살렘을 정복한 바벨론은 예루살렘 성전을 파괴한 후 유대의 유력한 사람들을 바벨론으로 포로로 끌고 갔습니다(B.C 587년). 70년 뒤 바벨론이 고레스(Cyrus)의 페르시아(성경에는 바사)에 의해서 멸망되었고, 유대 백성들은 페르시아 정책(The Cyrus Cylinder)에 따라서 유대 땅으로 귀환하였습니다(B.C 539년). 그리고 예루살렘에 귀환한 구약 백성들은 제2성전, 스룹바벨 성전을 학개와 스가랴 선지자의 독려로 겨우 건축하였습니다. 백성들은 너무나 초라한 성전 모습에 실망하였습니다. 말라기 선지자는 제사장들에게 자리를 지킬 것과 백성들에게 신실한 헌신을 촉구하였습니다. 페르시아는 알렉산더에 의해서 무너졌습니다. 400년 동안 유대 지역은 세계사의 격변 중심에 있었습니다. 알렉산더 사후에 프톨레미 왕조, 셀레우코스 왕조, 안티오코스 왕조를 지내며 로마의 지배 지역이 되었습니다. 로마의 속국이 될 때, 에돔 사람 헤롯이 로마와 결탁하여 거래하였습니다. 유대 지역에 분봉왕(分封王, tetrarch)이 되었고, 원활한 통치를 위해 황금성전(헤롯 성전)을 건축하였습니다.

유대 백성들은 다윗의 후손 스룹바벨이 건축한 성전에는 한숨을 보냈고, 에돔 사람이 건축한 황금 성전을 좋아하였습니다 (참고. 말라기 1장). 초라한 성전에 실망하였던 백성들은 다윗의 후손 초라한 나사렛 사람 예수에 실망한 것과 같습니다. 그리고 총회에 들어오지 못할 에돔 사람이 건축한 성전을 숭앙하였습니다.

예수께서 성전을 삼 일에 헐겠다고 예언하셨을 때, 주께서 말한 성전은 '자기 몸'이었습니다(요한복음 2장). 자기 몸을 십자가에서 허시고, 성령으로 자기 몸인 교회를 세우셨습니다. 모세가 만든 장막도 아닌, 솔로몬이 만든 황금성전도 아닌, 스룹바벨이 만든 성전도 아닌, 헤롯이 만든 황금성전도 아닌, 성령으로 만든 성전을 세우셨습니다. A.D. 70년에 헤롯의 황금성전은 로마 장군 디도(Titus)에 의해서 완전히 파괴되었습니다. 그 흔적으로 지금 '통곡의 벽'만 남아 있지만, 주의 교회는 영원합니다. 300년 뒤 로마 제국은 박해하던 기독교를 공인하며 국교로 공포하였습니다.

예수는 자신의 몸을 속죄 제물로 아버지께 드린 유일한 대제사장, 중보자입니다. 아버지의 공의를 충족시켜 죄를 사하였고, 우리의 죄를 계속해서 깨끗하게 하십니다(갈라디아서 3:20, 디모데전서 2:5). 예수 십자가의 피는 우리의 죄를 씻는 유일한 방편이며, 영원히 구속하는 능력이 있습니다. 구주께서 그 피의 효력을 하늘 보좌 우편에서 성령 파송으로 실행하십니다.

예수께서 행하신 십자가의 속죄제사는 하나님께 반역(불순종)하는 자기 백성의 본성을 제거하고, 하나님과 완전하게 화해를 이루었습니다. 구속의 은혜로 인해서 하나님의 사랑을 알며 나아갈 수 있습니다. 예수는 우리를 창조하시고 보호하시는 왕이시며, 우리의 죄를 제거하여 의(義)와 거룩으로 새롭게 하고, 그 안에서 복된 삶을 시작하고 완성하도록 하십니다(칼빈의 사도행전 주석 헌사에서). 사도행전은 부활 승천하신 그리스도께서 성령으로 교회를 세워 통치하는 것을 말씀합니다. 하나님의 보좌 우편에 계신 예수는 성령으로 교회를 세우시며 만유를 통치하십니다.

13
기독교 - 교회 = 그리스도인의 몸

'그리스도인'으로 사는 사람들은, 믿는 형제들과 함께 모여 은혜를 사모하며 교제하기를 힘씁니다(히브리서 10:25). 교회는 1세기 예루살렘에서 120명으로 시작하였습니다. 예수님께서도 혼자 사역하지 않으시고 12명, 70명의 제자들과 함께 하셨습니다. 성령 강림으로 교회가 시작되면서 동시에 사도 베드로가 오순절에 모인 사람들에게 복음을 선포하였습니다. 120명으로 시작한 교회는 복음 선포로 삼 천명, 오 천명으로 성장하며 교회를 이루었습니다(사도행전 2장).

그리스도인은 예수 증인 활동을 하기 때문에(사도행전 1:8) 숫자가 증가하는 것은 당연합니다. 다만 그리스도인들도 살다가 죽기 때문에 지속적인 확장을 위해서는 2-3배를 충원해야 합니다. 교회가 현상을 유지하는 것은 성장하고 있는 것입니다.

그리스도인들은 교회를 이루는 것을 힘쓰고 기뻐합니다. 교회는 세상에서 유일하게 죄사함과 영생을 추구하는 기관입니다. 세상에 교회가 있다면 복음 정진이 진행되고 있다는 표징입니다. 교회를 떠난 그리스도인은 존재할 수 없습니다. 자기가 속한 교회가 싫어 이탈할 때에는 더 합당한 교회 이루기에 힘쓰기 때문입니다. 그리스도인이 교회를 떠난다는 것은 물 안에 있는 고기가 물을 싫어하는 것이며 그 물 밖으로 가겠다는 것과 같습니다.

교회는 그리스도의 몸(the Body)이며, 성도는 그리스도와 교회에서 연합한 각 지체들(the members)입니다. 교회의 머리(the Head)는 예수 그리스도이시며, 성도들은 머리의 명령에 즉각적이고 신실하게 순종하는 지체들입니다. 칼빈은 믿음의 자세를 즉각적이고 신속하게(prompte et sincere)라고 하였는데, "신속하고 진지하게 주의 말씀에 순종한다"고 심장으로 고백한 것입니다. 성도들은 교회가 그리스도에게 합당한 기관(organization)이 되도록 힘써 노력합니다. 그런데 교회는 기관이지만 조직(組織, system)이기도 합니다. 그래서 지상교회는 완전한 교회가 아닙니다. 지상교회는 복음을 전하며, 거룩을 증진하는 전투적인 교회로 각각의 사명을 준행합니다.

첫째, 교회는 복음 위에 세워지며, 복음으로 운영되는 주의 기관입니다. 성경과 복음은 목사의 설교(복음선포)에서 시작합니다. 목사는 사도 베드로께서 복음을 선포한 것처럼 복음선포로 교회를 이루며 돌봅니다(요한복음 21:15-23).

둘째, 성례(세례와 성찬)를 주 예수께서 명령하신 대로 순종하여 진행합니다. 교회 회중은 주 예수께서 제정하신 성례를 거행하기 위한 모임입니다. 세례는 교회에 입교하는 의식으로, 죄인에서 의인이 되었다는 공적 선언이며 교회 일원으로 입교하는 예식입니다. 성찬은 떡(빵)과 포도주를 먹고 마시는 것으로 주의 살과 피를 취하는 예식입니다.

셋째, 교회는 기도하는 장소입니다(마가복음 11:17). 「성화」에서 그리스도인의 기도하는 〈그리스도인의 특징을 기도로〉 언급하였습니다. 그리스도인은 모든 시작과 마지막을 기도로 준행합니다. 기도는 성도에게 주어진 특권이고 능력입니다. 교회 예배의 시작은 기도이며, 모든 일에도 기도로 시작하고, 기도로 연결하고, 기도로 끝냅니다.

넷째, 교회는 봉사하는 공동체입니다. 교회는 구제를 사명으로 여깁니다(사도행전 6장). 교회는 교회 안과 지역 사회에서 구제를 수행합니다.

다섯째, 교회는 교제하는 공동체입니다. 성도의 교제는 성도를 더욱 성도답게 만들며, 합력하여 선을 이루게 합니다(로마서 8:28). 교회의 교제는 영적 교제와 육적 교제를 함께합니다. 보이지 않는 교제와 보이는 교제입니다.

예수께서 자기 백성을 구속하셔서 자기에게 연합시키셨습니다. 자기 백성이 장성한 분량에 이를 수 있도록 보이는 기관인 교회와 자기 사역자(목사)를 통해 양육시킵니다. 그리스도와 연합된 그리스도인은 자연스럽고 필연적으로 교회를 이루어 훈련합니다. 그리고 그 교회를 주 하나님의 피로 사신 기관이라고 고백합니다(사도행전 20:28). 교회를 섬기는 영광은 결코 작지 않습니다.

14
종말: 주 예수께서 다시 오심

세상 만물은 시작이 있으면 끝이 있습니다. 시간과 공간에서 시작하였다면 반드시 끝이 있습니다. 그래서 우리는 인과율(因果律, Causality)에서 시작되는 이론을 신학에서 취하지 않습니다. 인과율의 산물은 땅의 산물일 뿐입니다. 신학은 이성이 아닌 계시로 합니다.

하나님은 시간의 시작을 이루신 영원한 존재이기 때문에 시작도 끝도 없습니다. 예수님은 자기를 알파와 오메가($AΩ$), 시작과 마지막이라고 하셨습니다. '영원(永遠)'이란 시작과 끝이 없는 세계입니다. 만물은 영원에서 시작하였고 언젠가 끝이 날 것이며, 그 이후로 영원한 세계가 될 것입니다. 물리적 세계에서도 세상 만물의 끝을 예고하는 종말 시계(The Doomsday Clock)가 있는데, 종말 2분 30초 전(2017년 기준)이라고 합니다(참고. 나무위키). 물리적 관점과 계시 관점에서 세상은 반드시 종말이 있다고 주장합니다.

사람은 태어나서 반드시 죽습니다. 사람은 스스로 어떻게 태어나는지 알지 못하며, 죽은 뒤의 세계에 대해서도 알지 못합니다. 어떤 종교의 사후관은 윤회(輪廻)를 주장합니다. 윤회 사상은 변증법적 사고와 매우 잘 부합됩니다. 논리적으로 영적으로도 그렇습니다. 멸절(滅絶), 극락왕생(極樂往生) 등을 주장합니다.

그리스도인은 사후(死後) 존재를 명확하게 믿습니다. 그것은 예수께서 하늘에서 내려와 인간이 되셨고, 십자가에 죽은 뒤 3일에 부활하였고, 승천하셔서 다시 하늘로 올라가셨고, 성령을 보내어 교회를 세워 만유를 통치하는 것을 믿기 때문입니다. 예수께서 지금도 하늘 보좌 우편에서 다스리시며, 믿는 자를 보좌 앞으로 인도하심을 믿습니다.

기독교가 고백하는 세상의 끝은 승천하셔서 아버지 보좌 우편에 계신 주 예수께서 이 땅에 다시 오시는 것입니다. 기독교 신자가 아니어도 지구의 종말을 예고하고 준비하는 사람들도 있습니다. 그러나 성경은 누구도 종말에서 피할 수 없다고 선언합니다. 사람이 아무리 보완하고 대책을 세워도 마지막 심판은 피할 수 없습니다. 혹자는 달나라, 화성으로 도피를 계획하기도 합니다. 하지만 영화에서나 가능할 일이며, 인간은 하루 24시간, 365일 구조에서 살도록 창조되었습니다. 지구온난화는 온도가 겨우 1℃ 상승한 것인데, 지구 전체 환경과 생태계가 바뀌며 인간 생존에 위협을 받고 있습니다.

기독교는 이 세계(시간)의 마지막 때에 다시 오실 주 예수를 고백하며 기다립니다(maranatha). 마지막 때는 물리적 종말이 아닙니다. 모든 택자가 구원을 받을 때가 마지막 때입니다. 마라나타를 기다리는 그리스도인은 마지막 택자의 구원을 위해서 복음을 전합니다. 예수 복음을 전하고 증거하는 것이 종말 신앙입니다. 모든 택자가 구원받을 때 종말이 이루어지기 때문입니다. 종말 신앙이 있다고 하면서 앉아서 마라나타를 고백하는 것은 이상한 행동입니다. 마라나타 신앙은 주 예수를 믿지 않는 사람에게 전해야 합니다.

이러한 일을 위해 교회에서 모든 그리스도인들이 협력하고 힘써야 합니다. 장로교회는 지역교회를 감당하며, 지역 밖 교회들과 협력하여 복음을 확장합니다. 복음을 전하는 방식은 교파 간에 차이가 있습니다.

신자에게는 주 예수 그리스도의 은혜와 아버지의 사랑과 성령의 교통과 위로가 함께합니다. 아멘.